# GRAMMAIRE ENFANTINE.

(1859) Saint-Cloud. — Imprimerie de M<sup>me</sup> V<sup>e</sup> BELIN.

# GRAMMAIRE

## ENFANTINE,

PAR

**MADAME SOPHIE AMIS**

INSTITUTRICE.

PARIS,

LIBRAIRIE D'ELIE GAUGUET,

RUE CASSETTE, 12.

1861

# AVIS DE L'AUTEUR

La grammaire est le livre le plus utile et en même temps le plus difficile à apprendre aux enfants.

Les abrégés qui ont paru jusqu'à ce jour ont le défaut d'avoir des définitions beaucoup trop longues et peut-être trop explicatives.

En effet, la plus grande difficulté pour les enfants est de retenir une longue suite de mots; soyez plus concis et ils apprendront davantage.

Or, pour l'enfant qui commence à écrire,

pour l'enfant qui sort pour ainsi dire de l'alphabet, il faut un livre qui lui INDIQUE, SANS EXPLICATION, l'orthographe des mots usuels, le genre et le nombre, la formation du singulier et du pluriel, etc.; ce livre, je l'ai cherché en vain. Peut-être la Grammaire enfantine aura-t-elle trouvé le chemin de ces petites intelligences de cinq à huit ans qu'on laisse reposer faute d'aliment à leur offrir, c'est du moins la lacune que désire combler l'auteur de cette publication.

Pour aider la mémoire de l'enfant, j'ai adopté le système des demandes, mais en laissant les réponses aussi complètes que possible.

Un moyen qui m'a presque toujours réussi, c'est de faire écrire à satiété par les enfants les choses qu'on veut qu'ils apprennent; c'est pourquoi j'ai mis à chaque chapitre un exercice qu'ils appliqueront beaucoup mieux en le trouvant après la règle dont il est l'application.

Bien entendu l'enfant qui n'écrit pas, apprend par cœur l'orthographe des mots contenus dans l'exercice; mais il faut le laisser lire lui-même. J'ai toujours vu que l'enfant auquel on apprend une définition de vive voix n'exerce que sa mémoire, son esprit distrait par ce qui l'entoure ne prend aucune part à ce qu'il dit.

Il y a dans ce petit livre des demandes et des réponses copiées exactement sur des grammairiens, cela est vrai; mais ma petite Grammaire n'est autre qu'un recueil et un choix de définitions que j'ai jugées le mieux appropriées à l'intelligence de l'enfance, et je n'ai créé que ce que je n'ai trouvé nulle part.

Mon intention, en ceci, est de relever

une erreur qu'ont faite nombre de personnes qui, pour faire mieux, ont cru ne devoir admettre que leurs propres définitions, et qui, afin de n'être pas semblables à leurs prédécesseurs, ont déguisé leurs explications au risque de les amoindrir.

J'espère que mes efforts ne seront pas inutiles, et si je ne réussis pas aussi bien que je le voudrais, on me saura gré au moins du peu de prétention que j'ai mis à publier la *Grammaire enfantine*.

# GRAMMAIRE FRANÇAISE.

## CHAPITRE PREMIER.

### § Ier. — De la grammaire.

1. Qu'est-ce que la grammaire?

La grammaire est l'art de parler et d'écrire correctement.

2. De quoi se sert-on pour parler ou pour écrire ?

Pour parler ou pour écrire on se sert de mots.

3. De quoi sont composés les mots ?

Les mots sont composés des lettres de l'alphabet.

4. Combien y a-t-il de lettres dans l'alphabet français ?

L'alphabet français est composé de vingt-six lettres.

5. Quelles sont les lettres de l'alphabet français ?

Les lettres de l'alphabet sont : $a, b, c, d, e, f, g, h, i, j, k, l, m, n, o, p, q, r, s, t, u, v, w, x, y, z$.

6. Comment se divisent les lettres ?

Les lettres se divisent en voyelles et en consonnes.

7. Quelles sont les voyelles ?

Les voyelles sont : $a, e, i, o, u, y$.

8. Pourquoi les appelle-t-on voyelles?

On les appelle voyelles, parce qu'elles peuvent par elles-mêmes former une voix ou un son.

9. Quelles sont les consonnes?

Les consonnes sont : *b, c, d, f, g, h, j, k, l, m, n, p, q, r, s, t, v, w, x, z*.

10. Pourquoi les appelle-t-on consonnes?

On les appelle consonnes parce qu'elles ne forment un son qu'avec le secours des voyelles.

## § II. — De l'E.

11. Combien y a-t-il de sortes d'*e*?

Il y a trois sortes d'*e* qui sont : l'*e* muet, l'*é* fermé et l'*è* ouvert.

12. Comment distingue-t-on l'*e* muet?

L'*e* muet est celui dont le son est peu sensible comme dans *me*, il n'est jamais surmonté d'un accent.

13. Comment distingue-t-on l'*é* fermé?

L'*é* fermé est celui qui se prononce la bouche presque fermée, comme dans *café*, il est toujours marqué d'un accent aigu.

14. Comment distingue-t-on l'*è* ouvert?

L'*è* ouvert est celui qui se prononce la bouche très-ouverte, comme dans *succès*, il est presque toujours marqué d'un accent grave (*è*) ou d'un accent circonflexe (*ê*).

## FRANÇAISE.

*L'élève copiera l'exercice suivant en soulignant d'un trait les é fermés, et de deux traits les è ouverts. Exemple :* café, bonté, procès, accès.

### EXERCICE.

Bonté, café, procès, succès, modèle, table, vérité, bête, charité, humilité, amitié, abcès, décès, lacet, bonnet, santé, crotté, flatté, marché, planté, orné, araignée.

### § III. — De l'Y.

15. Comment s'emploie l'y ?

L'*y* s'emploie tantôt pour un *i* et tantôt pour deux *i*.

16. Quand l'y s'emploie-t-il pour un *i* ?

L'*y* s'emploie pour un *i* au commencement ou à la fin des mots, — comme dans *yacht*, *dey*, et au milieu des mots après une consonne comme dans *style*.

17. Quand l'y s'emploie-t-il pour deux *i* ?

L'*y* s'emploie pour deux *i*, au milieu des mots après une voyelle, comme dans *pays*, *joyeux*.

*L'élève copiera l'exercice suivant en soulignant d'un trait les y employés pour un i, et de deux traits ceux employés pour deux i. Exemple :* yacht, joyeux.

### EXERCICE.

Balayé, nettoyé, choyé, yacht, style, symétrie, noyer, crayon, rayon, dey, Yvetot, hymen, hypocrite, Yvan, joyeux, pays, royaume, voyez, physique, voyelle, syllabe, moyen.

## § IV. — De la lettre H.

18. Combien y a-t-il de sortes d'*h*?

Il y a deux sortes d'*h*, l'*h* muette et l'*h* aspirée.

19. Qu'est-ce que l'*h* muette?

L'*h* muette est celle qui ne change rien à la prononciation, comme dans, — *homme, habit*.

20. Qu'est-ce que l'*h* aspirée?

L'*h* aspirée est celle qu'on prononce par une aspiration du gosier, comme dans *haine, héros*.

*L'élève copiera l'exercice suivant en soulignant d'un trait les h muettes, et de deux traits les h aspirées. Exemple* : l'histoire, le hameau.

### EXERCICES.

La hache, le héros, les haricots, l'histoire, l'humanité, les habits, l'habillement, la honte, l'homme, le homard, le hors-d'œuvre, l'hôpital, le héros, l'humidité, le hameau, l'humilité, la haine, l'hôte, l'hôtel, l'hôtesse, l'hospitalité, le héron.

## § V. — De la syllabe.

21. Qu'est-ce qu'une syllabe?

Une syllabe est la réunion de plusieurs lettres qu'on prononce en une seule émission de voix, comme : *mon, crains, chat*.

22. Qu'appelle-t-on monosyllabe ?

On appelle monosyllabe un mot qui n'a qu'une syllabe.

23. Qu'appelle-t-on dissyllabes et trissyllabes ?

On appelle dissyllabes, un mot qui a deux syllabes, et trissyllabes un mot qui en a trois.

*L'élève copiera l'exercice suivant en indiquant par un chiffre au-dessous de chaque mot le nombre de syllabes qu'il contient. Exemple* : papa, cousine, malveillance.
   2      3          4

### Exercice.

Camarade, bonté, thé, café, soldat, soupe, galette, hospice, bon, joli, malveillance, cheval, cousine, trésor, horoscope, papa, Cécile, secrétaire, lentille, ornière, capable, finalement, articulation, syllabe, disposition, bonheur, chandelle, victoire, soldatesque, image, estimation, horticulture, agriculture.

# CHAPITRE II.

### § I<sup>er</sup>. — Des parties du discours.

24. Combien y a-t-il de parties du discours ?

Il y a dix parties du discours.

25. Quelles sont les dix parties du discours ?

Les dix parties du discours sont : Le *nom* ou

*substantif*, l'*article*, l'*adjectif*, le *pronom*, le *verbe*, le *participe*, l'*adverbe*, la *préposition*, la *conjonction* et l'*interjection*.

26. Qu'est-ce que le nom ?

Le nom est un mot qui sert à nommer une personne ou une chose.

27. Qu'est-ce que l'article ?

L'article est un mot que l'on met devant le nom pour le déterminer et en faire connaître le genre et le nombre.

28. Qu'est-ce que l'adjectif ?

L'adjectif est un mot que l'on ajoute au substantif pour le qualifier ou pour le déterminer.

29. Qu'est-ce que le pronom ?

Le pronom est un mot qui se met à la place du nom pour éviter de le répéter.

30. Qu'est-ce que le verbe ?

Le verbe est un mot qui exprime l'affirmation.

31. Qu'est-ce que le participe ?

Le participe est un mot qui participe de la nature du verbe et de celle de l'adjectif.

32. Qu'est-ce que l'adverbe ?

L'adverbe est un mot invariable qui se joint à un verbe, à un adjectif ou à un adverbe pour le modifier.

33. Qu'est-ce que la préposition ?

La préposition est un mot invariable qui marque le rapport des mots entre eux.

34. Qu'est-ce que la conjonction ?

La conjonction est un mot invariable qui sert à lier une phrase à une phrase, ou un mot à un mot.

35. Qu'est-ce que l'interjection ?

L'interjection est un mot invariable qui sert à exprimer les émotions vives et subites de l'âme.

## § II. — De la division des parties du discours.

36. Comment se divisent les parties du discours ?

Les parties du discours se divisent en mots variables et mots invariables.

37. Qu'est-ce qu'un mot variable ?

Un mot variable est celui dont la terminaison est sujette à changer.

38. Qu'est-ce qu'un mot invariable ?

Un mot invariable est celui dont la terminaison n'est sujette à aucun changement.

39. Combien y a-t-il de mots variables ?

Il y a six mots variables : Le *nom*, l'*article*, l'*adjectif*, le *pronom*, le *verbe*, le *participe*.

40. Combien y a-t-il de mots invariables ?

Il y a quatre mots invariables qui sont : l'adverbe, la préposition, la conjonction et l'interjection.

*L'élève copiera l'exercice suivant en soulignant d'un trait les mots variables, et de deux traits les mots invariables. Exemple :* verbe, adverbe.

### EXERCICE.

Préposition, verbe, pronom, adverbe, conjonction, article, nom, adjectif, pronom, interjection, participe, adverbe, nom, pronom, adjectif, article, préposition, verbe, participe, adverbe, verbe, adjectif, article, préposition, pronom, adverbe.

## CHAPITRE III.

### DU NOM OU SUBSTANTIF.

41. Qu'est-ce que le nom?

Le nom est un mot qui sert à nommer une personne ou une chose.

42. Combien y a-t-il de sortes de noms?

Il y a deux sortes de noms, le nom **commun** et le nom **propre**.

43. Qu'est-ce que le nom commun?

Le nom commun est celui qui sert à nommer toutes les personnes et toutes les choses de même espèce, comme *table*, *plume*, etc.

44. Qu'est-ce que le nom propre?

Le nom propre est celui qui ne peut servir que pour une seule personne ou une seule chose, *Napoléon*, *César*, etc.

*L'élève copiera l'exercice suivant en soulignant d'un trait les noms propres, et de deux traits les noms communs. Exemple* : raisin, camarade, arbre, fleur, Paris, Lyon, Marie.

## EXERCICE.

Marie, lune, Alfred, maison, César, table, Paris, Pierre, Paul, encrier, cahier, tableau, poupée, cheval, Camille, chaise, Caroline, couturière, blanchisseuse, Gustave, médecin, Édouard, Jules, matelot, tapageur, Londres, Bordeaux, Marseille, oncle, tante, ange, démon, garçon.

### § I<sup>er</sup>. — Du genre.

45. Que faut-il distinguer dans les noms?

Dans les noms il faut distinguer le genre et le nombre.

46. Qu'est-ce que le genre?

Le genre est ce qui indique la distinction des sexes.

47. Combien y a-t-il de genres?

Il y a deux genres, le genre masculin et le genre féminin.

48. Qu'est-ce que le genre masculin?

Le genre masculin est celui qui désigne les êtres mâles, comme *chien*, *chat*.

49. Qu'est-ce que le genre féminin?

Le genre féminin est celui qui désigne les êtres femelles, comme *chienne*, *chatte*.

50. Comment reconnait-on qu'un nom est du genre masculin?

On reconnait qu'un nom est du genre masculin lorsqu'on peut placer devant les mots, *le*, ou *un*, comme *le chien*, *un chat*.

51. Comment reconnaît-on qu'un nom est du genre féminin?

On reconnaît qu'un mot est du genre féminin lorsqu'on peut placer devant les mots *la*, ou *une*, comme *la chienne, une chatte.*

*L'élève copiera l'exercice suivant en soulignant d'un trait les noms masculins, et de deux traits les noms féminins. Exemple* : robe, chapeau.

### EXERCICE.

Prône, pomme, le nez, bouche, oreille, la main, les yeux, le chien, la chatte, pied, plume, le chapeau, la chienne, la soupe, le chat, la femme, le garçon, le tailleur, la couturière, le déjeuner, la blanchisseuse, le taureau, le bœuf, la vache, la chèvre, le lapin, le lièvre, le tablier, la chemise, le paletot, la redingote, le ruban, la patrie, la poire, pêche, armoire, commode, fauteuil, chaise, secrétaire, fille, fils, père, mère, charpentier, fourchette, cuiller, couteau, canif, plumeau, casserole, marmite, carotte, navet.

### § II. — Du nombre.

52. Qu'est-ce que le nombre?

Le nombre est ce qui représente l'unité et la pluralité.

53. Combien y a-t-il de nombres?

Il y a deux nombres, le singulier et le pluriel.

54. Que représente le singulier?

Le singulier représente un seul être ou un seul objet. Ex.: *un soldat, un chapeau.*

**55.** Que représente le pluriel?

Le pluriel représente plusieurs êtres ou plusieurs objets. Ex.: *des soldats, des chapeaux.*

*L'élève copiera l'exercice suivant en soulignant d'un trait les noms singuliers, et de deux traits les noms pluriels. Exemple :* un gâteau, des gâteaux.

### EXERCICE.

Les soldats, le chapeau, des raisins, du gâteau, les jardins, les arbres, la promenade, les bois, la maison, les enfants, le chat, le château, la lune, le soleil, des asperges, une poire, un artichaut, une tortue, des oiseaux, un serin, le père, trois enfants, les encriers, de l'encre, une armoire, les quatre points cardinaux, le vieillard, le lapidaire, les fourchettes, ton couteau, mon canif, les matelots, les Tuileries.

## CHAPITRE IV.

### DE L'ARTICLE.

**56.** Qu'est-ce que l'article?

L'article est un petit mot que l'on met devant le nom pour en déterminer la signification et en faire connaître le genre et le nombre.

**57.** Combien y a-t-il d'articles?

Il n'y a qu'un article, qui est *le* pour le masculin, *la* pour le féminin, et *les* pour le pluriel, des deux genres. Ex. : *le chat, la chatte, les chats,* etc.

*L'élève copiera l'exercice suivant en soulignant d'un trait l'article masculin, et de deux traits l'article féminin. Exemple* : le roi, les reines, la mère.

### EXERCICE.

Le roi, LA reine, LES reines, les rois, le singe, les chapeaux, le chat, la chatte, les chats, le chien, le tableau, la pendule, la cheminée, les talents, la peinture, les arts, la mère, les enfants, le cahier, la plume, la main, le père, les filles, le garçon, les joujoux, les yeux, la jeunesse, les trésors, le lit, la table, les oreilles, le nez, le pied, les corps, l'esprit, les rats.

§ I$^{er}$

58. A quels changements l'article est-il sujet?

L'article est sujet à deux changements, l'élision et la contraction.

59. Qu'appelle-t-on article élidé?

On appelle article élidé celui dont les lettres *a, e,* sont remplacées par une apostrophe (').

60. Comment s'emploie l'article élidé?

On emploie l'article élidé devant une voyelle ou une *h* muette. Ex. : l'*esprit* pour *le esprit*; l'*amitié* pour *la amitié*.

61. Qu'appelle-t-on article contracté?

On appelle article contracté celui qui est réuni à une des prépositions *à, de.* Ex. : *au bois* pour *à le bois; du pain* pour *de le pain.*

*L'élève copiera l'exercice suivant en soulignant d'un trait les articles élidés, et de deux traits les articles contractés. Exemple* : l'humanité, du pain.

### Exercice.

L'espoir, le joujou, du beurre, des fruits, les gâteaux, la poupée, le fusil, les tables, du sucre, des bonbons, la promenade, aux champs, les raisins, les encriers, le tableau, les soldats, la raquette, des volants, du fromage, le lait, la brebis, le chapeau, les pincettes, le râteau, la bêche, du gâteau, la galette, l'homme, l'humanité, les enfants, l'amitié, l'honneur.

## CHAPITRE V.

### DE L'ADJECTIF.

62. Qu'est-ce que l'adjectif?

L'adjectif est un mot qui exprime les qualités du nom et ses différentes manières d'être.

63. Combien y a-t-il de sortes d'adjectifs?

Il y a deux sortes d'adjectifs, l'adjectif qualificatif et l'adjectif déterminatif.

64. Qu'est-ce que l'adjectif qualificatif?

L'adjectif qualificatif est celui qui exprime les qualités du nom, comme *beau cheval, joli ruban*, etc.

65. L'adjectif qualificatif s'accorde-t-il avec le substantif?

Oui, l'adjectif qualificatif s'accorde avec le substantif en genre et en nombre.

*L'élève copiera les exercices suivants en soulignant les adjectifs. Exemple : le grand-père.*

### EXERCICE.

Les bons enfants, le grand cheval, le beau fouet, la jolie levrette, les enfants sages, les petites bavardes, le méchant garçon, les beaux sabots, le joli fusil, la campagne magnifique, les allées larges, le bon gâteau, les belles poupées, le soldat diligent, les hommes courageux, le brave capitaine, la bonne mère, le chien fidèle, les bons points, les livres instructifs, le garçon paresseux, l'aimable enfant, les grosses poires.

### § I<sup>er</sup>. — De l'adjectif déterminatif.

66. Qu'est-ce que l'adjectif déterminatif ?

L'adjectif déterminatif est celui qui détermine le substantif.

67. Combien y a-t-il de sortes d'adjectifs déterminatifs ?

Il y a quatre sortes d'adjectifs déterminatifs.

68. Quels sont-ils ?

Les quatre sortes d'adjectifs déterminatifs sont : l'adjectif démonstratif, l'adjectif possessif, l'adjectif numéral et l'adjectif indéfini.

69. Qu'est-ce que l'adjectif démonstratif ?

L'adjectif démonstratif est celui qui sert à démontrer.

70. Quels sont des adjectifs démonstratifs ?

Les adjectifs démonstratifs sont : *ce* ou *cet* pour

le masculin singulier, *cette* pour le féminin singulier et *ces* pour le pluriel des deux genres.

*L'élève copiera l'exercice suivant en soulignant les adjectifs démonstratifs.*

### Exercice.

Ce livre, ces enfants, cet homme, cette planche, ce cahier, cette règle, ces fleurs, ces fruits, ce calcul, ce tambour, ce soldat, cette rose, ces jardins, cette figure, ce lait, ce vin, ces marrons, cette armoire, ce frère, cette poupée, cet appartement, cet escalier, cet égout, cet étage, cette épître, cet évangile, cette grammaire, cette pilule, ce blanchissage, cet enfant, ces enfants, cette enfant.

### § II. — De l'adjectif possessif.

71. Qu'est-ce que l'adjectif possessif?

L'adjectif possessif est celui qui exprime la possession.

Ex.: *mon crayon, ma plume,* etc.

72. Quels sont les adjectifs possessifs?

Les adjectifs possessifs sont:

**Mon**, *ton, son, notre, votre, leur,* pour le masculin singulier.

**Ma**, *ta, sa, notre, votre, leur,* pour le féminin singulier.

**Mes**, *tes, ses, nos, vos, leurs,* pour le pluriel des deux genres.

*L'élève copiera l'exercice suivant en soulignant les adjectifs possessifs, ainsi qu'il suit : un trait (—) pour le singulier des deux genres, et de deux traits (=) pour le pluriel des deux genres. Exemple* : mon chapeau, ta robe, ses livres, nos amies.

### EXERCICE.

Mon chapeau, ton livre, son calcul, tes dictées, leur encrier, ta copie, votre règle, nos gâteaux, mon chapeau, ton livre, tes bretelles, son tablier, sa robe, vos amis, sa poupée, son fusil, ses cheveux, nos enfants, leur bourse, notre père, votre mère, son frère, nos sœurs, leurs cousins, votre plume, ta bouteille, sa balle, son volant, sa raquette, ta casquette, ton bonnet, ses bas, nos moutons, leurs chevaux, leur petite fille, nos ardoises, notre raisin, vos habits.

### § III. — De l'adjectif numéral.

73. Qu'est-ce que l'adjectif numéral ?

L'adjectif numéral est celui qui marque le nombre ou l'ordre.

74. Combien y a-t-il de sortes d'adjectifs numéraux ?

Il y a deux sortes d'adjectifs numéraux, les adjectifs numéraux cardinaux et des adjectifs numéraux ordinaux.

75. Qu'est-ce que les adjectifs numéraux cardinaux ?

Les adjectifs numéraux cardinaux sont ceux qui marquent le nombre, comme *quatre, cinq, huit, douze*, etc.

76. Quels sont les adjectifs numéraux ordinaux ?

Les adjectifs numéraux ordinaux sont ceux

qui marquent le rang ou l'ordre, tels que *premier*, *second*, *centième*, etc.

*L'élève copiera l'exercice suivant en soulignant d'un trait les adjectifs numéraux cardinaux (*deux*), et de deux traits les adjectifs numéraux ordinaux (*deuxième*).*

### EXERCICE.

Deux garçons, trois filles, quatre coins, la quatrième marche, le cinquième volume, deux lampes, deux raquettes, six oiseaux, les cinq parties du monde, le premier roi de France, la première de la classe, le septième régiment, quinze francs, cinquante centimes.

### § IV. — De l'adjectif indéfini.

77. Qu'est-ce que l'adjectif indéfini ?

L'adjectif indéfini est celui qui détermine le nom en y joignant une idée de généralité.

78. Quels sont les adjectifs indéfinis ?

Les adjectifs indéfinis sont : *Aucun, nul, autre, chaque, plusieurs, quelque, quel, quelconque, tel, tout, maint, même, certain, un, une.*

*L'élève copiera les exercices suivants en soulignant les adjectifs indéfinis.*

### EXERCICE.

Chaque chose, un autre livre, plusieurs chevaux, tel homme, tout mon lait, quelques fleurs, quel enfant, une chose quelconque.

Je vous l'ai dit maintes fois, tous les enfants, lorsque plusieurs soldats passent, avec un costume quelconque, courent après quelques gâteaux ou autre chose, tel que certains sabres ou autre objet quelconque.

## CHAPITRE VI.

### DU PRONOM.

79. Qu'est-ce que le pronom?

Le pronom est un mot qui tient la place du nom.

80. Combien y a-t-il de sortes de pronoms?

Il y a cinq sortes de pronoms, savoir : le pronom personnel, le pronom possessif, le pronom démonstratif, le pronom relatif, le pronom indéfini.

81. Qu'est-ce que le pronom personnel?

Le pronom personnel est celui qui désigne plus spécialement les personnes.

82. Combien y a-t-il de personnes?

Il y a trois personnes.

83. Quelles sont ces personnes?

Les trois personnes sont *je, tu, il,* pour le singulier, et *nous, vous, ils,* pour le pluriel.

84. Comment distingue-t-on ces trois personnes?

La première est celle qui parle, comme :

*je, me, moi*, pour le singulier, et *nous*, pour le pluriel.

La seconde est celle à qui l'on parle, comme *tu, te, toi*, pour le singulier, et *vous*, pour le pluriel.

La troisième, celle de qui l'on parle, comme *il, elle, en, y, lui, le, la*, pour le singulier, et *ils, elles, leur, les*, pour le pluriel.

Ex. : *Je marche, tu parles, il mange, nous marchons, vous parlez, ils mangent.*

L'élève copiera l'exercice suivant en soulignant d'un trait les pronoms de la première personne (—), de deux traits ceux de la seconde (=), et de trois traits ceux de la troisième (≡). Exemple : *je* parle, *tu* chantes, *il* joue.

### Exercice.

Je chante, tu lis, vous marchez, ils aiment, nous dansons, je le vois, vous lui envoyez des gâteaux, il leur rendra leur argent, vous aimez les pauvres, nous devons nous aider les uns les autres, je lui ai parlé de ses leçons, il les avait apprises, j'aime à vous voir joyeux, ils sont au jardin, je le veux, comprenez-vous ? S'entendent-ils bien entre eux ?

### § I<sup>er</sup>. — Des pronoms possessifs.

85. Qu'est-ce qu'un pronom possessif ?

Un pronom possessif est celui qui tient la place du nom, en y ajoutant l'idée de possession.

86. Quels sont les pronoms possessifs ?

Les pronoms possessifs sont :

| Masc. sing. | Fém. sing. |
|---|---|
| Le mien. | La mienne. |
| Le tien. | La tienne. |
| Le sien. | La sienne. |
| Le nôtre. | La nôtre. |
| Le vôtre. | La vôtre. |
| Le leur. | La leur. |

| Masc. plur. | Fém. plur. |
|---|---|
| Les miens. | Les miennes. |
| Les tiens. | Les tiennes. |
| Les siens. | Les siennes. |

Pluriel des deux genres.

Les nôtres.
Les vôtres.
Les leurs.

*L'élève copiera l'exercice suivant en soulignant d'un trait les pronoms possessifs.*

### EXERCICE.

Voici mon livre, où est le tien, ma poupée est aussi grande que la tienne, tes sabots sont plus crottés que les miens. J'aime mieux mon chapeau que le tien, combien avez-vous payé le vôtre? J'ai perdu ma plume, prête-moi la tienne. J'ai acheté des bottines comme les tiennes. Vos enfants sont sages, les nôtres aussi. Votre père est malade, le mien se porte bien. Avez-vous vu ces mitaines? Ce sont les nôtres, les leurs sont usées.

## § II. — **Des pronoms démonstratifs.**

87. Qu'est-ce qu'un pronom démonstratif?

Un pronom démonstratif est celui qui tient la

place du nom en y joignant l'idée de démonstration.

88. Quels sont les pronoms démonstratifs?

Les pronoms démonstratifs sont :

*Ce, ceci, cela, celui, celui-ci, celui-là,* pour le masculin singulier;

*Ce, ceci, cela, celle, celle-ci, celle-là,* pour le féminin singulier;

*Ceux, ceux-ci, ceux-là,* pour le masculin pluriel;

*Celles, celles-ci, celles-là,* pour le féminin pluriel.

*L'élève copiera l'exercice suivant en soulignant d'un trait les pronoms possessifs du genre féminin, et de deux traits les pronoms possessifs du genre masculin. Exemple: ceci est mon bien, celle-là est ma robe.*

### EXERCICE.

C'est mon livre.—Adèle est celle de mes cousines que je ne vois pas. — Camille est celui de mes frères que j'aime le mieux. — Ceci est joli. — Cela est beau. — Cette poire est à moi, celle-là est la vôtre. — Où sont mes livres? Ce sont ceux-ci. — Quelle est la plume que vous préférez, celle-ci ou celle-là? J'aime mieux celle-ci. — Voulez-vous ce livre? Non, je préfère celui-ci et je vous donnerai ceux-ci à la place.

## § III. — Des pronoms relatifs.

89. Qu'est-ce qu'un pronom relatif ou conjonctif?

Un pronom relatif est celui qui a avec le nom une relation intime.

90. Quels sont les pronoms relatifs?

SINGULIER.

| Masc. | Plur. |
|---|---|
| Lequel. | Laquelle. |
| Duquel. | De laquelle. |
| Auquel. | A laquelle. |

PLURIEL.

| Masc. | Plur. |
|---|---|
| Lesquels. | Lesquelles. |
| Desquels. | Desquelles. |
| Auxquels. | Auxquelles. |

et *qui, quoi, dont*, pour les deux genres et les deux nombres.

91. Le pronom relatif s'accorde-t-il en genre et en nombre?

Oui, le pronom relatif s'accorde en genre et en nombre avec le nom auquel il se rapporte, et qu'on nomme son antécédent.

*L'élève copiera l'exercice suivant en soulignant d'un trait les pronoms relatifs du genre masculin, et de deux traits les pronoms relatifs du genre féminin.*

### EXERCICES.

Voilà deux livres, lequel est à vous? — C'est moi qui vous parle. — Laquelle préférez-vous de ces deux poires? — Paris est la plus belle ville qui soit en France. — Le propriétaire dont voici la maison est à la campagne. — Hélas ! que sommes-nous? — A quoi pensez-vous?—Voici bien des petites filles, lesquelles sont les plus sages? — Je ne sais pas laquelle.

### § IV. — Du pronom indéfini.

92. Qu'est-ce qu'un pronom indéfini?

Un pronom indéfini est celui qui désigne sans le faire connaitre le nom dont il tient la place.

93. Quels sont les pronoms indéfinis?

Les pronoms indéfinis sont : *on, quiconque, chacun, personne, l'un, l'autre, les uns, les autres, autrui, autre chose, quoi que, quoi que ce soit, qui que ce soit, rien.*

*L'élève copiera l'exercice suivant en soulignant les pronoms indéfinis.*

### Exercices.

On a vu des oiseaux dans le jardin. — Ne dites pas de mal d'autrui. — Chacun doit s'aider. — L'un de vous ira se promener, l'autre restera. — Personne ne viendra demain. — Aimez-vous les uns les autres. — Quiconque désobéira, méritera une punition. — Je n'ai vu personne. — On préfère quelquefois une belle chose à une bonne chose. — Personne ne doit se servir du pronom *on*, en parlant de quelqu'un.

## CHAPITRE VII.

### DU VERBE.

94. Qu'est-ce que le verbe?

Le verbe est un mot qui exprime l'affirmation.

95. Comment reconnaît-on un verbe?

On reconnaît un verbe lorsqu'on peut le faire précéder d'un des pronoms personnels, *je, tu, il*, etc.

Ainsi, parler, lire, écrire, sont des verbes, parce qu'on peut dire : *je parle, tu lis, il écrit.*

96. Qu'est-ce que conjuguer un verbe?

Conjuguer un verbe, c'est l'écrire et le réciter avec les modes, nombres, personnes et temps.

97. Qu'est-ce qu'un mode?

Le mode est la manière dont le verbe exprime l'affirmation.

98. Qu'est-ce que le nombre?

Le nombre est le rapport du verbe avec le singulier ou le pluriel.

99. Qu'est-ce que la personne?

La personne est la forme que prend le verbe pour exprimer son rapport avec la première, la deuxième ou la troisième personne grammaticale.

100. Qu'est-ce que le temps?

Le temps c'est la durée des choses.

101. Comment se divise le temps?

Le temps se divise en trois parties, qui sont le passé, le présent et le futur ou l'avenir.

102. Combien y a-t-il de conjugaisons?

Il y a quatre conjugaisons.

103. Comment distingue-t-on les quatre conjugaisons?

On distingue les quatre conjugaisons par la terminaison du présent de l'infinitif.

104. Dites-nous la terminaison de ces quatre conjugaisons?

La première se termine en *er*, comme *aimer*.
La deuxième se termine en *ir*, comme *finir*.
La troisième se termine en *oir*, comme *recevoir*.
La quatrième se termine en *re*, comme *rendre*.

*L'élève copiera l'exercice suivant en soulignant les verbes, et en ajoutant auprès du trait un chiffre de la conjugaison dans laquelle il est classé. Exemple : je lirai, vous aimez votre père. — Il cueillera des fruits, etc.*
　　1　　　　　　　2

### EXERCICE.

Les enfants aiment les bonbons. — Nous irons nous promener. — Dieu voit tout. — La France est un grand empire. — Mon père a un beau fusil. — Les chiens de chasse courent très-bien. — Il finira ses devoirs. — Nous admirons les enfants sages. — Tu apprendras ta leçon. — Soyons amis tous deux. — Christophe Colomb découvrit l'Amérique. — Parmentier découvrit la pomme de terre. — Elle marche bien. — Nous aurons des prix, espérons-le. — Je serai sage et tu m'aimeras bien. — Le beau temps reviendra. — L'armoire enferme mes habits.

### § I<sup>er</sup>. — Des verbes auxiliaires.

105. Qu'est-ce qu'un verbe auxiliaire?

Un verbe auxiliaire est celui qui aide à conjuguer les autres.

106. Dans quel cas les verbes auxiliaires aident-ils à conjuguer les autres?

Les verbes auxiliaires aident à conjuguer les autres dans leurs temps composés.

107. Comment se forment les temps composés d'un verbe?

Les temps composés d'un verbe se forment du participe passé, du verbe que l'on conjugue précédé de l'auxiliaire, comme dans *j'ai aimé*.

108. Combien y a-t-il de verbes auxiliaires?

Il y a deux verbes auxiliaires, le verbe *avoir* et le verbe *être*.

## VERBE AUXILIAIRE *AVOIR*.

**MODE INFINITIF.**
*PRÉSENT.*
Avoir.

*PASSÉ.*
Avoir eu, ayant eu.

*PARTICIPE PRÉSENT.*
Ayant.

*PARTICIPE PASSÉ.*
Eu, eue, ayant eu.

*INDICATIF PRÉSENT.*
J'      ai.
Tu     as.
Il      a.
Nous  avons.
Vous   avez.
Ils     ont.

*IMPARFAIT.*
J'      avais.
Tu     avais.
Il      avait.
Nous  avions.
Vous   aviez.
Ils     avaient.

*PASSÉ DÉFINI.*
J'      eus.
Tu     eus.
Il      eut.
Nous  eûmes.
Vous   eûtes.
Ils     eurent.

*PASSÉ INDÉFINI.*
J'      ai      eu.
Tu     as      eu.
Il      a       eu.
Nous  avons   eu.
Vous   avez    eu.
Ils     ont     eu.

*PASSÉ ANTÉRIEUR.*
J'      eus     eu.
Tu     eus     eu.
Il      **eut**     eu.
Nous  eûmes   eu.
Vous   eûtes   eu.
Ils     eurent  eu.

*PLUS-QUE-PARFAIT.*
J'      avais   eu.
Tu     avais   eu.
Il      avait   eu.
Nous  avions  eu.
Vous   aviez   eu.
Ils     avaient eu.

*FUTUR.*
J'      aurai.
Tu     auras.
Il      aura.
Nous  aurons.
Vous   aurez.
Ils     auront.

*FUTUR PASSÉ.*
J'      aurai   eu.
Tu     auras   eu.
Il      aura    eu.
Nous  aurons  eu.
Vous   aurez   eu.
Ils     auront  eu.

**MODE CONDITIONNEL.**
*PRÉSENT.*
J'      aurais.
Tu     aurais.
Il      aurait.
Nous  aurions.

Vous auriez.
Ils auraient.

### PASSÉ.

J'     aurais    eu.
Tu    aurais    eu.
Il     aurait    eu.
Nous  aurions   eu.
Vous  auriez    eu.
Ils    auraient  eu.

### SECOND PASSÉ.

J'     eusse    eu.
Tu    eusses   eu.
Il     eut      eu.
Nous  eûmes    eu.
Vous  eûtes    eu.
Ils    eurent   eu.

## MODE IMPÉRATIF.

*Point de première personne au singulier, ni de troisièmes aux deux nombres.*

### PRÉSENT OU FUTUR.

Aie.
Ayons.
Ayez.

### FUTUR ANTÉRIEUR.

Aie           eu.
Ayons         eu.
Ayez          eu.

## MODE SUBJONCTIF.

### PRÉSENT OU FUTUR.

Que j'      aie.
Que tu     aies.
Qu' il      ait.
Que nous   ayons.
Que vous   ayez.
Qu' ils     aient.

### IMPARFAIT.

Que j'      eusse.
Que tu     eusses.
Qu' il      eût.
Que nous   eussions.
Que vous   eussiez.
Qu' ils     eussent.

### PASSÉ.

Que j'aie         eu.
Que tu aies      eu.
Qu' il ait        eu.
Que nous ayons   eu.
Que vous ayez    eu.
Qu' ils aient     eu.

### PLUS-QUE-PARFAIT.

Que j'eusse       eu.
Que tu eusses    eu.
Qu' il eût        eu.
Que nous eussions eu.
Que vous eussiez  eu.
Qu' ils eussent   eu.

---

# VERBE AUXILIAIRE *ÊTRE*.

## MODE INFINITIF.
### PRÉSENT.
Être.

### PASSÉ.
Avoir été, ayant été.

## PARTICIPE PRÉSENT.
Étant.

## PARTICIPE PASSÉ.
Été.

## MODE INDICATIF.
### PRÉSENT.
Je suis.
Tu es.
Il ou elle est.
Nous sommes.
Vous êtes.
Ils ou elles sont.

### IMPARFAIT.
J' étais.
Tu étais.
Il était.
Nous étions.
Vous étiez.
Ils étaient.

### PASSÉ DÉFINI.
Je fus.
Tu fus.
Il fut.
Nous fûmes.
Vous fûtes.
Ils furent.

### PASSÉ INDÉFINI.
J' ai été.
Tu as été.
Il a été.
Nous avons été.
Vous avez été.
Ils ont été.

### PASSÉ ANTÉRIEUR.
J' eus été.
Tu eus été.
Il eut été.
Nous eûmes été.
Vous eûtes été.
Ils eurent été.

### PLUS-QUE-PARFAIT.
J' avais été.
Tu avais été.
Il avait été.
Nous avions été.
Vous aviez été.
Ils avaient été.

### FUTUR.
Je serai.
Tu seras.
Il sera.
Nous serons.
Vous serez.
Ils seront.

### FUTUR PASSÉ.
J' aurai été.
Tu auras été.
Il aura été.
Nous aurons été.
Vous aurez été.
Ils auront été.

## MODE CONDITIONNEL.
### PRÉSENT.
Je serais.
Tu serais.
Il serait.
Nous serions.
Vous seriez.
Ils seraient.

### PASSÉ.
J' aurais été.
Tu aurais été.
Il aurait été.
Nous aurions été.
Vous auriez été.
Ils auraient été.

### SECOND PASSÉ.
J' eusse été.
Tu eusses été.
Il eut été.
Nous eûmes été.
Vous eûtes été.
Ils eurent été.

## MODE IMPÉRATIF.
### PRÉSENT OU FUTUR.
Sois.

Soyons.
Soyez.

**FUTUR ANTÉRIEUR.**

Aie été.
Ayons été.
Ayez été.

MODE SUBJONCTIF.

**PRÉSENT.**

Que je sois.
Que tu sois.
Qu'il soit.
Que nous soyons.
Que vous soyez.
Qu'ils soient.

**IMPARFAIT.**

Que je fusse.
Que tu fusses.
Qu'il fût.
Que nous fussions.
Que vous fussiez.
Qu'ils fussent.

**PASSÉ.**

Que j'aie été.
Que tu aies été.
Qu'il ait été.
Que nous ayons été.
Que vous ayez été.
Qu'ils aient été.

**PLUS-QUE-PARFAIT.**

Que j'eusse été.
Que tu eusses été.
Qu'il eût été.
Que nous eussions été.
Que vous eussiez été.
Qu'ils eussent été.

## § II. — Des verbes adjectifs.

109. Qu'est-ce qu'un verbe adjectif?

Un verbe adjectif est celui qui est formé du verbe *être* et du participe présent qui le qualifie.

110. Combien y a-t-il de sortes de verbes adjectifs?

Il y a cinq sortes de verbes adjectifs, le verbe *actif*, le verbe *neutre*, le verbe *passif*, le verbe *pronominal* et le verbe *unipersonnel*.

111. Qu'est-ce que le verbe actif?

Le verbe actif est celui qui marque l'action faite par le sujet.

112. Comment reconnaît-on un verbe actif?

On reconnaît un verbe actif quand on peut placer après lui les mots quelqu'un ou quelque chose; ainsi *aimer* est un verbe actif parce qu'on peut dire, *aimer quelqu'un, aimer quelque chose.*

---

## PREMIÈRE CONJUGAISON.

Verbe **AIMER**, le radical est *aim-*.

INFINITIF.
PRÉSENT.
Aim-er.
PASSÉ.
Avoir aim-é.
PARTICIPE PRÉSENT.
Aim-ant.
PARTICIPE PASSÉ.
Aim-é, aim-ée.
INDICATIF.
PRÉSENT.
J'aim-e.
Tu aim-es.
Il aim-e.
Nous aim-ons.
Vous aim-ez.
Ils aim-ent.
IMPARFAIT.
J'aim-ais.
Tu aim-ais.
Il aim-ait.
Nous aim-ions.
Vous aim-iez.
Ils aim-aient.
PASSÉ DÉFINI.
J'aim-ai.
Tu aim-as.
Il aim-a.
Nous aim-âmes.
Vous aim-âtes.
Ils aim-èrent.
PASSÉ INDÉFINI.
J'ai aim-é.

Tu as aim-é.
Il a aim-é.
Nous avons aim-é.
Vous avez aim-é.
Ils ont aim-é.
PASSÉ ANTÉRIEUR.
J'eus aim-é.
Tu eus aim-é.
Il eut aim-é.
Nous eûmes aim-é.
Vous eûtes aim-é.
Ils eurent aim-é.
PLUS-QUE-PARFAIT.
J'avais aim-é.
Tu avais aim-é.
Il avait aim-é.
Nous avions aim-é.
Vous aviez aim-é.
Ils avaient aim-é.
FUTUR.
J'aim-erai.
Tu aim-eras.
Il aim-era.
Nous aim-erons.
Vous aim-erez.
Ils aim-eront.
FUTUR PASSÉ.
J'aurai aim-é.
Tu auras aim-é.
Il aura aim-é.
Nous aurons aim-é.
Vous aurez aim-é.
Ils auront aim-é.

## CONDITIONNEL.
### PRÉSENT.
J'aim-erais.
Tu aim-erais.
Il aim-erait.
Nous aim-erions.
Vous aim-eriez.
Ils aim-eraient.

### PASSÉ.
J'aurais        aim-é.
Tu aurais       aim-é.
Il aurait       aim-é.
Nous aurions    aim-é.
Vous auriez     aim-é.
Ils auraient    aim-é.

### SECOND PASSÉ.
J'eusse         aim-é.
Tu eusses       aim-é.
Il eût          aim-é.
Nous eussions   aim-é.
Vous eussiez    aim-é.
Ils eussent     aim-é.

## IMPÉRATIF.
### PRÉSENT OU FUTUR.
Aim-e.
Aim-ons.
Aim-ez.

### FUTUR ANTÉRIEUR.
Aie     aim-é.
Ayons   aim-é.
Ayez    aim-é.

## SUBJONCTIF.
### PRÉSENT.
Que j'aim-e.
Que tu aim-es.
Qu'il aim-e.
Que nous aim-ions.
Que vous aim-iez.
Qu'ils aim-ent.

### IMPARFAIT.
Que j'aim-asse.
Que tu aim-asses.
Qu'il aim-ât.
Que nous aim-assions.
Que vous aim-assiez.
Qu'ils aim-assent.

### PASSÉ.
Que j'aie          aim-é.
Que tu aies        aim-é.
Qu'il ait          aim-é.
Que nous ayons     aim-é.
Que vous ayez      aim-é.
Qu'ils aient       aim-é.

### PLUS-QUE-PARFAIT.
Que j'eusse        aim-é.
Que tu eusses      aim-é.
Qu'il eût          aim-é.
Que nous eussions  aim-é.
Que vous eussiez   aim-é.
Qu'ils eussent     aim-é.

---

## DEUXIÈME CONJUGAISON.
Verbe FINIR, le radical est *fin-*.

### INFINITIF.
#### PRÉSENT.
Fin-ir.
#### PASSÉ.
Avoir fin-i.

### PARTICIPE PRÉSENT.
Fin-issant.

### PARTICIPE PASSÉ.
Fin-i, fin-ie, ayant fin-i.

# FRANÇAISE.

## INDICATIF.

### PRÉSENT.
Je fin-is.
Tu fin-is.
Il fin-it.
Nous fin-issons.
Vous fin-issez.
Ils fin-issent.

### IMPARFAIT.
Je fin-issais.
Tu fin-issais.
Il fin-issait.
Nous fin-issions.
Vous fin-issiez.
Ils fin-issaient.

### PASSÉ DÉFINI.
Je fin-is.
Tu fin-is.
Il fin-it.
Nous fin-îmes.
Vous fin-îtes.
Ils fin-irent.

### PASSÉ INDÉFINI.
J'ai        fin-i.
Tu as       fin-i.
Il a         fin-i.
Nous avons   fin-i.
Vous avez    fin-i.
Ils ont       fin-i.

### PASSÉ ANTÉRIEUR.
J'eus        fin-i.
Tu eus      fin-i.
Il eut       fin-i.
Nous eûmes   fin-i.
Vous eûtes    fin-i.
Ils eurent     fin-i.

### FUTUR.
Je fin-irai.
Tu fin-iras.
Il fin-ira.
Nous fin-irons.
Vous fin-irez.
Ils fin-iront.

### FUTUR PASSÉ.
J'aurai       fin-i.
Tu auras     fin-i.
Il aura       fin-i.
Nous aurons   fin-i.
Vous aurez    fin-i.
Ils auront     fin-i.

## CONDITIONNEL.

### PRÉSENT.
Je fin-irais.
Tu fin-irais.
Il fin-irait.
Nous fin-irions.
Vous fin-iriez.
Ils fin-iraient.

### PASSÉ.
J'aurais      fin-i.
Tu aurais     fin-i.
Il aurait      fin-i.
Nous aurions   fin-i.
Vous auriez    fin-i.
Ils auraient    fin-i.

### SECOND PASSÉ.
J'eusse       fin-i.
Tu eusses     fin-i.
Il eût        fin-i.
Nous eussions   fin-i.
Vous eussiez    fin-i.
Ils eussent     fin-i.

## IMPÉRATIF.

### PRÉSENT OU FUTUR.
Fin-is.
Fin-issons.
Fin-issez.

### FUTUR ANTÉRIEUR.
Aie       fin-i.
Ayons    fin-i.
Ayez     fin-i.

## SUBJONCTIF.

**PRÉSENT.**

Que je fin-isse.
Que tu fin-isses.
Qu'il fin-isse.
Que nous fin-issions.
Que vous fin-issiez.
Qu'ils fin-issent.

**IMPARFAIT.**

Que je fin-isse.
Que tu fin-isses.
Qu'il fin-ît.
Que nous fin-issions.
Que vous fin-issiez.
Qu'ils fin-issent.

**PASSÉ.**

Que j'aie         fin-i.
Que tu aies       fin-i.
Qu'il ait         fin-i.
Que nous ayons    fin-i.
Que vous ayez     fin-i.
Qu'ils aient      fin-i.

**PLUS-QUE-PARFAIT.**

Que j'eusse         fin-i.
Que tu eusses       fin-i.
Qu'il eût           fin-i.
Que nous eussions   fin-i.
Que vous eussiez    fin-i.
Qu'ils eussent      fin-i.

---

## TROISIÈME CONJUGAISON.

Verbe **RECEVOIR**, le radical est rec-.

### INFINITIF.

**PRÉSENT.**

Rec-evoir.

**PASSÉ.**

Avoir reç-u.

**PARTICIPE PRÉSENT.**

Rec-evant.

**PARTICIPE PASSÉ.**

Reç-u, reç-ue, ayant reç-u.

### INDICATIF.

**PRÉSENT.**

Je reç-ois.
Tu reç-ois.
Il reç-oit.
Nous rec-evons.
Vous rec-evez.
Ils reç-oivent.

**IMPARFAIT.**

Je rec-evais.
Tu rec-evais.
Il rec-evait.
Nous rec-evions.
Vous rec-eviez.
Ils rec-evaient.

**PASSÉ DÉFINI.**

Je reç-us.
Tu reç-us.
Il reç-ut.
Nous reç-ûmes.
Vous reç-ûtes.
Ils reç-urent.

**PASSÉ INDÉFINI.**

J'ai         reç-u.
Tu as        reç-u.
Il a         reç-u.
Nous avons   reç-u.
Vous avez    reç-u.
Ils ont      reç-u.

**PASSÉ ANTÉRIEUR.**

J'eus        reç-u.

## FRANÇAISE.                                43

| | |
|---|---|
| Tu eus | reç-u. |
| Il eut | reç-u. |
| Nous eûmes | reç-u. |
| Vous eûtes | reç-u. |
| Ils eurent | reç-u. |

### PLUS-QUE-PARFAIT.

| | |
|---|---|
| J'avais | reç-u. |
| Tu avais | reç-u. |
| Il avait | reç-u. |
| Nous avions | reç-u. |
| Vous aviez | reç-u. |
| Ils avaient | reç-u. |

### FUTUR.

Je rec-evrai.
Tu rec-evras.
Il rec-evra.
Nous rec-evrons.
Vous rec-evrez.
Ils rec-evront.

### FUTUR PASSÉ.

| | |
|---|---|
| J'aurai | reç-u. |
| Tu auras | reç-u. |
| Il aura | reç-u. |
| Nous aurons | reç-u. |
| Vous aurez | reç-u. |
| Ils auront | reç-u. |

## CONDITIONNEL.
### PRÉSENT.

Je rec-evrais.
Tu rec-evrais.
Il rec-evrait.
Nous rec-evrions.
Vous rec-evriez.
Ils rec-evraient.

### PASSÉ.

| | |
|---|---|
| J'aurais | reç-u. |
| Tu aurais | reç-u. |
| Il aurait | reç-u. |
| Nous aurions | reç-u. |
| Vous auriez | reç-u. |
| Ils auraient | reç-u. |

### SECOND PASSÉ.

| | |
|---|---|
| J'eusse | reç-u. |
| Tu eusses | reç-u. |
| Il eût | reç-u. |
| Nous eussions | reç-u. |
| Vous eussiez | reç-u. |
| Ils eussent | reç-u. |

## IMPÉRATIF.
### PRÉSENT OU FUTUR.

Reç-ois.
Rec-evons.
Rec-evez.

### FUTUR ANTÉRIEUR.

| | |
|---|---|
| Aie | reç-u. |
| Ayons | reç-u. |
| Ayez | reç-u. |

## SUBJONCTIF.
### PRÉSENT.

Que je reç-oive.
Que tu reç-oives.
Qu'il reç-oive.
Que nous rec-evions.
Que vous rec-eviez.
Qu'ils reç-oivent.

### IMPARFAIT.

Que je reç-usse.
Que tu reç-usses.
Qu'il reç-ût.
Que nous reç-ussions.
Que vous reç-ussiez.
Qu'ils reç-ussent.

### PASSÉ.

| | |
|---|---|
| Que j'aie | reç-u. |
| Que tu aies | reç-u. |
| Qu'il ait | reç-u. |
| Que nous ayons | reç-u. |
| Que vous ayez | reç-u. |
| Qu'ils aient | reç-u. |

| PLUS-QUE-PARFAIT. | Qu'il eût | reç-u. |
|---|---|---|
| | Que nous eussions | reç-u. |
| Que j'eusse reç-u. | Que vous eussiez | reç-u. |
| Que tu eusses reç-u. | Qu'ils eussent | reç-u. |

## QUATRIÈME CONJUGAISON.

Verbe **RENDRE**, le radical est *rend-*.

### INFINITIF.

**PRÉSENT.**

Rend-re.

**PASSÉ.**

Avoir rend-u.

**PARTICIPE PRÉSENT.**

Rend-ant.

**PARTICIPE PASSÉ.**

Rend-u, rend-ue, ayant rend-u.

### INDICATIF.

**PRÉSENT.**

Je rend-s.
Tu rend-s.
Il rend.
Nous rend-ons.
Vous rend-ez.
Ils rend-ent.

**IMPARFAIT.**

Je rend-ais.
Tu rend-ais.
Il rend-ait.
Nous rend-ions.
Vous rend-iez.
Ils rend-aient.

**PASSÉ DÉFINI.**

Je rend-is.
Tu rend-is.
Il rend-it.
Nous rend-îmes.
Vous rendi-tes.
Ils rend-irent.

**PASSÉ INDÉFINI.**

J'ai rend-u.
Tu as rend-u.
Il a rend-u.
Nous avons rend-u.
Vous avez rend-u.
Ils ont rend-u.

**PASSÉ ANTÉRIEUR.**

J'eus rend-u.
Tu eus rend-u.
Il eut rend-u.
Nous eûmes rend-u.
Vous eûtes rend-u.
Ils eurent rend-u.

**PLUS-QUE-PARFAIT.**

J'avais rend-u.
Tu avais rend-u.
Il avait rend-u.
Nous avions rend-u.
Vous aviez rend-u.
Ils avaient rend-u.

**FUTUR.**

Je rend-rai.
Tu rend-ras.
Il rend-ra.
Nous rend-rons.
Vous rend-rez.
Ils rend-ront.

**FUTUR PASSÉ.**

J'aurai rend-u.
Tu auras rend-u.
Il aura rend-u.
Nous aurons rend-u.

Vous aurez        rend-u.
Ils auront        rend-u.

## CONDITIONNEL.
### PRÉSENT.
Je rend-rais.
Tu rend-rais.
Il rend-rait.
Nous rend-rions.
Vous rend-riez.
Ils rend-raient.

### PASSÉ.
J'aurais          rend-u.
Tu aurais         rend-u.
Il aurait         rend-u.
Nous aurions      rend-u.
Vous auriez       rend-u.
Ils auraient      rend-u.

### SECOND PASSÉ.
J'eusse           rend-u.
Tu eusses         rend-u.
Il eût            rend-u.
Nous eussions     rend-u.
Vous eussiez      rend-u.
Ils eussent       rend-u.

## IMPÉRATIF.
### PRÉSENT OU FUTUR.
Rend-s.
Rend-ons.
Rend-ez.

### FUTUR ANTÉRIEUR.
Aie               rend-u.

Ayons             rend-u.
Ayez              rend-u.

## SUBJONCTIF.
### PRÉSENT.
Que je rend-e.
Que tu rend-es.
Qu'il rend-e.
Que nous rend-ions.
Que vous rend-iez.
Qu'ils rend-ent.

### IMPARFAIT.
Que je rend-isse.
Que tu rend-isses.
Qu'il rend-ît.
Que nous rend-issions.
Que vous rend-issiez.
Qu'ils rend-issent.

### PASSÉ.
Que j'aie         rend-u.
Que tu aies       rend-u.
Qu'il ait         rend-u.
Que nous ayons    rend-u.
Que vous ayez     rend-u.
Qu'ils aient      rend-u.

### PLUS-QUE-PARFAIT.
Que j'eusse       rend-u.
Que tu eusses     rend-u.
Qu'il eût         rend-u.
Que nous eussions rend-u.
Que vous eussiez  rend-u.
Qu'ils eussent    rend-u.

## § III. — Du verbe neutre.

113. Qu'est-ce qu'un verbe neutre ?

Un verbe neutre est celui qui, marquant une action faite par le sujet, ne peut avoir de complément direct.

3.

## GRAMMAIRE

**114. Comment reconnait-on qu'un verbe est neutre?**

On reconnait qu'un verbe est neutre quand on ne peut pas placer après lui les mots quelqu'un ou quelque chose; ainsi, *plaire, partir* sont verbes neutres parce qu'on ne peut pas dire, *partir quelqu'un* ou *plaire quelque chose.*

### VERBE NEUTRE.

**TOMBER,** le radical est *tomb-.*

#### INFINITIF.
##### PRÉSENT.
Tomb-er.
##### PASSÉ.
Etre tomb-é *ou* tomb-ée.
##### PARTICIPE PRÉSENT.
Tomb-ant.
##### PARTICIPE PASSÉ.
Tomb-é, tomb-ée.

#### INDICATIF.
##### PRÉSENT.
Je tomb-e.
Tu tomb-es.
Il tomb-e.
Nous tomb-ons.
Vous tomb-ez.
Ils tomb-ent.

##### IMPARFAIT.
Je tomb-ais.
Tu tomb-ais.
Il tomb-ait.
Nous tomb-ions.
Vous tomb-iez.
Ils tomb-aient.

##### PASSÉ DÉFINI.
Je tomb-ai.
Tu tomb-as.
Il tomb-a.
Nous tomb-âmes.
Vous tomb-âtes.
Ils tomb-èrent.

##### PASSÉ INDÉFINI.
Je suis tomb-é *ou* tomb-ée.
Tu es tomb-é *ou* tomb-ée.
Il est tomb-é *ou* elle est tomb-ée.
Nous sommes tomb-és, *ou* tomb-ées.
Vous êtes tomb-és *ou* tomb-ées.
Ils sont tomb-és *ou* elles sont tomb-ées.

##### PASSÉ ANTÉRIEUR.
Je fus tomb-é.
Tu fus tomb-é.
Il fut tomb-é.
Nous fûmes tomb-és.
Vous fûtes tomb-és.
Ils furent tomb-és.

##### PLUS-QUE-PARFAIT.
J'étais tomb-é.
Tu étais tomb-é.
Il était tomb-é.
Nous étions tomb-és.
Vous étiez tomb-és.
Ils étaient tomb-és.

##### FUTUR.
Je tomb-erai.
Tu tomb-eras.

Il tomb-era.
Nous tomb-erons.
Vous tomb-erez.
Ils tomb-eront.
### FUTUR PASSÉ.
Je serai tomb-é.
Tu seras tomb-é.
Il sera tomb-é.
Nous serons tomb-és.
Vous serez tomb-és.
Ils seront tomb-és.
### CONDITIONNEL.
#### PRÉSENT.
Je tomb-erais.
Tu tomb-erais.
Il tomb-erait.
Nous tomb-erions.
Vous tomb-eriez.
Ils tomb-eraient.
#### PASSÉ.
Je serais tomb-é.
Tu serais tomb-é.
Il serait tomb-é.
Nous serions tomb-és.
Vous seriez tomb-és.
Ils seraient tomb-és.
#### SECOND PASSÉ.
Je fusse tomb-é.
Tu fusses tomb-é.
Il fût tomb-é.
Nous fussions tomb-és.
Vous fussiez tomb-és.
Ils fussent tomb-és.
### IMPÉRATIF.
#### PRÉSENT OU FUTUR.
Tomb-e.

Tomb-ons.
Tomb-ez.
#### FUTUR ANTÉRIEUR.
Sois tomb-é.
Soyons tomb-és.
Soyez tomb-és.
### SUBJONCTIF.
#### PRÉSENT OU FUTUR.
Que je tomb-e.
Que tu tomb-es.
Qu'il tomb-e.
Que nous tomb-ions.
Que vous tomb-iez.
Qu'ils tomb-ent.
#### IMPARFAIT.
Que je tomb-asse.
Que tu tomb-asses.
Qu'il tomb-ât.
Que nous tomb-assions.
Que vous tomb-assiez.
Qu'ils tomb-assent.
#### PASSÉ.
Que je sois tomb-é.
Que tu sois tomb-é.
Qu'il soit tomb-é.
Que nous soyons tomb-és.
Que vous soyez tomb-és.
Qu'ils soient tomb-és.
#### PLUS-QUE-PARFAIT.
Que je fusse tomb-é.
Que tu fusses tomb-é.
Qu'il fût tomb-é.
Que nous fussions tomb-és.
Que vous fussiez tomb-és.
Qu'ils fussent tomb-és.

Les élèves conjugueront ainsi, en séparant le radical de la terminaison, les verbes suivants : *partir, plaire, travailler, languir, dormir, arriver, voyager.*

## § IV. — Du verbe passif.

115. Qu'est-ce qu'un verbe passif?

Un verbe passif est celui qui marque l'action reçue par le sujet.

116. Comment se forme le sujet du verbe passif?

Le sujet du verbe passif est formé du complément direct du verbe actif.

117. Comment reconnaît-on un verbe passif?

On reconnaît un verbe passif lorsqu'on peut faire après lui les questions, *par qui? par quoi? de qui? de quoi?*

Ainsi, *je suis aimé de mon père; je suis aimé* est un verbe passif parce qu'on peut dire *je suis aimé de qui?*

118. Comment se conjugue un verbe passif?

Un verbe passif se conjugue toujours avec l'auxiliaire *être* et le participe passé, il n'a pas de temps simples.

### VERBE PASSIF.

ÊTRE AIMÉ, le radical est *aim-*.

| INFINITIF. | INDICATIF. |
|---|---|
| PRÉSENT. | PRÉSENT. |
| Être aim-é *ou* aim-ée. | Je suis aim-é. |
| PASSÉ. | Tu es aim-é. |
| Avoir été aim-é *ou* aim-ée. | Il est aim-é. |
|  | Nous sommes aim-és. |
| PARTICIPE PRÉSENT. | Vous êtes aim-és. |
| Étant aim-é *ou* aim-ée. | Ils sont aim-és. |
| PARTICIPE PASSÉ. | IMPARFAIT. |
| Ayant été aim-é *ou* aim-ée. | J'étais aim-é. |

Tu étais aim-é.
Il était aim-é.
Nous étions aim-és.
Vous étiez aim-és.
Ils étaient aim-és.

### PASSÉ DÉFINI.

Je fus aim-é.
Tu fus aim-é.
Il fut aim-é.
Nous fûmes aim-és.
Vous fûtes aim-és.
Ils furent aim-és.

### PASSÉ INDÉFINI.

J'ai été aim-é.
Tu as été aim-é.
Il a été aim-é.
Nous avons été aim-és.
Vous avez été aim-és.
Ils ont été aim-és.

### PASSÉ ANTÉRIEUR.

J'eus été aim-é.
Tu eus été aim-é.
Il eut été aim-é.
Nous eûmes été aim-és.
Vous eûtes été aim-és.
Ils eurent été aim-és.

### PLUS-QUE-PARFAIT.

J'avais été aim-é.
Tu avais été aim-é.
Il avait été aim-é.
Nous avions été aim-és.
Vous aviez été aim-és.
Ils avaient été aim-és.

### FUTUR.

Je serai aim-é.
Tu seras aim-é.
Il sera aim-é.
Nous serons aim-és.
Vous serez aim-és.
Ils seront aim-és.

### FUTUR ANTÉRIEUR.

J'aurai été aim-é.
Tu auras été aim-é.
Il aura été aim-é.
Nous aurons été aim-és.
Vous aurez été aim-és.
Ils auront été aim-és.

## CONDITIONNEL.

### PRÉSENT OU FUTUR.

Je serais aim-é.
Tu serais aim-é.
Il serait aim-é.
Nous serions aim-és.
Vous seriez aim-és.
Ils seraient aim-és.

### PASSÉ.

J'aurais été aim-é.
Tu aurais été aim-é.
Il aurait été aim-é.
Nous aurions été aim-és.
Vous auriez été aim-és.
Ils auraient été aim-és.

### SECOND PASSÉ.

J'eusse été aim-é.
Tu eusses été aim-é.
Il eût été aim-é.
Nous eussions été aim-és.
Vous eussiez été aim-és.
Ils eussent été aim-és.

## IMPÉRATIF.

### PRÉSENT OU FUTUR.

Sois aim-é.
Soyons aim-és.
Soyez aim-és.

### FUTUR ANTÉRIEUR.

Aie été aim-é.
Ayons été aim-és.
Ayez été aim-és.

## SUBJONCTIF.

**PRÉSENT OU FUTUR.**

Que je sois aim-é.
Que tu sois aim-é.
Qu'il soit aim-é.
Que nous soyons aim-és.
Que vous soyez aim-és.
Qu'ils soient aim-és.

**IMPARFAIT.**

Que je fusse aim-é.
Que tu fusses aim-é.
Qu'il fût aim-é.
Que nous fussions aim-és.
Que vous fussiez aim-és.
Qu'ils fussent aim-és.

**PASSÉ.**

Que j'aie été aim-é.
Que tu aies été aim-é.
Qu'il ait été aim-é.
Que nous ayons été aim-és.
Que vous ayez été aim-és.
Qu'ils aient été aim-és.

**PLUS-QUE-PARFAIT.**

Que j'eusse été aim-é.
Que tu eusses été aim-é.
Qu'il eût été aim-é.
Que nous eussions été aim-és.
Que vous eussiez été aim-és.
Qu'ils eussent été aim-és.

L'élève conjuguera passivement les verbes *réveiller, avertir, apercevoir, vendre*.

### § V. — Du verbe pronominal.

119. Qu'est-ce qu'un verbe pronominal?

Un verbe pronominal est celui qui se conjugue avec deux pronoms de la même personne.

120. Qu'est-ce qu'un verbe essentiellement pronominal?

Un verbe essentiellement pronominal est celui qui ne peut se conjuguer sans deux pronoms, tel que *s'emparer*.

## VERBE PRONOMINAL.

**SE REPENTIR,** le radical est *repen-*.

**INFINITIF.**

*PRÉSENT.*
Se repen-tir.

*PASSÉ.*
S'être repen-ti ou repen-tie.

**PARTICIPE PRÉSENT.**
Se repen-tant.

**PARTICIPE PASSÉ.**
Repen-ti, repen-tie.

## INDICATIF.

### PRÉSENT.

Je me repen-s.
Tu te repen-s.
Il se repen-t.
Nous nous repen-tons.
Vous vous repen-tez.
Ils se repen-tent.

### IMPARFAIT.

Je me repen-tais.
Tu te repen-tais.
Il se repen-tait.
Nous nous repen-tions.
Vous vous repen-tiez.
Ils se repen-taient.

### PASSÉ DÉFINI.

Je me repen-tis.
Tu te repen-tis.
Il se repen-tit.
Nous nous repen-tîmes.
Vous vous repen-tîtes.
Ils se repen-tirent.

### PASSÉ INDÉFINI.

Je me suis repen-ti.
Tu t'es repen-ti.
Il s'est repen-ti.
Nous nous sommes repen-tis.
Vous vous êtes repen-tis.
Ils se sont repen-tis.

### PASSÉ ANTÉRIEUR.

Je me fus repen-ti.
Tu te fus repen-ti.
Il se fut repen-ti.
Nous nous fûmes repen-tis.
Vous vous fûtes repen-tis.
Ils se furent repen-tis.

### PLUS-QUE-PARFAIT.

Je m'étais repen-ti.
Tu t'étais repen-ti.
Il s'était repen-ti.
Nous nous étions repen-tis.
Vous vous étiez repen-tis.
Ils s'étaient repen-tis.

### FUTUR.

Je me repen-tirai.
Tu te repen-tiras.
Il se repen-tira.
Nous nous repen-tirons.
Vous vous repen-tirez.
Ils se repen-tiront.

### FUTUR ANTÉRIEUR.

Je me serai repen-ti.
Tu te seras repen-ti.
Il se sera repen-ti.
Nous nous serons repen-tis.
Vous vous serez repen-tis.
Ils se seront repen-tis.

## CONDITIONNEL.

### PRÉSENT OU FUTUR.

Je me repen-tirais.
Tu te repen-tirais.
Il se repen-tirait.
Nous nous repen-tirions.
Vous vous repen-tiriez.
Ils se repen-tiraient.

### PASSÉ.

Je me serais repen-ti.
Tu te serais repen-ti.
Il se serait repen-ti.
Nous nous serions repen-tis.
Vous vous seriez repen-tis.
Ils se seraient repen-tis.

### SECOND PASSÉ.

Je me fusse repen-ti.
Tu te fusses repen-ti.
Il se fût repen-ti.
Nous nous fussions repen-tis.
Vous vous fussiez repen-tis.
Ils se fussent repen-tis.

## IMPÉRATIF.

**PRÉSENT OU FUTUR.**

Repen-s-toi.
Repen-tons-nous.
Repen-tez-vous.

**FUTUR ANTÉRIEUR.**

*Ce temps est inusité.*

## SUBJONCTIF.

**PRÉSENT OU FUTUR.**

Que je me repen-te.
Que tu te repen-tes.
Qu'il se repen-te.
Que nous nous repen-tions.
Que vous vous repen-tiez.
Qu'ils se repen-tent.

**IMPARFAIT.**

Que je me repen-tisse.
Que tu te repen-tisses.
Qu'il se repen-tît.
Que nous n˙ repen-tissions.
Que vous vous repen-tissiez.
Qu'ils se repen-tissent.

**PASSÉ.**

Que je me sois repen-ti.
Que tu te sois repen-ti.
Qu'il se soit repen-ti.
Que nous n˙ soyons repen-tis.
Que vous v˙ soyez repen-tis.
Qu'ils se soient repen-tis.

**PLUS-QUE-PARFAIT.**

Que je me fusse repen-ti.
Que tu te fusses repen-ti.
Qu'il se fût repen-ti.
Que n˙ n˙ fussions repen-tis.
Que v˙ v˙ fussiez repen-tis.
Qu'ils se fussent repen-tis.

## EXERCICE.

(Verbes à conjuguer). Se défendre, se flatter, s'emparer, s'enfuir, s'apercevoir, s'appuyer, se corriger, s'ennuyer, se plaindre, s'abstenir.

### § VI. — Du verbe unipersonnel.

121. Qu'est-ce qu'un verbe unipersonnel?

Un verbe unipersonnel est celui qui ne se conjugue qu'à la troisième personne du singulier, tel que, *il pleut, il neige,* etc.

### VERBE UNIPERSONNEL.

**FALLOIR,** le radical est *fa-*.

**INFINITIF.**

**PRÉSENT.**

Fa-lloir.

**PASSÉ.**

Avoir fa-llu.

PARTICIPE PRÉSENT.

*Ce temps est inusité.*

PARTICIPE PASSÉ.

Fa-llu.

INDICATIF.

PRÉSENT.

Il fa-ut.

IMPARFAIT.

Il fa-llait.

PASSÉ DÉFINI.

Il fa-llut.

PASSÉ INDÉFINI.

Il a fa-llu.

PASSÉ ANTÉRIEUR.

Il eut fa-llu.

PLUS-QUE-PARFAIT.

Il avait fa-llu.

FUTUR.

Il fa-udra.

FUTUR ANTÉRIEUR.

Il aura fa-llu.

CONDITIONNEL.

PRÉSENT OU FUTUR.

Il fa-udrait.

PASSÉ.

Il aurait fa-llu.

SECOND PASSÉ.

Il eût fa-llu.

IMPÉRATIF.

*Ce mode n'ayant pas de troisième personne est inusité dans les verbes unipersonnels.*

SUBJONCTIF.

PRÉSENT OU FUTUR.

Qu'il fa-ille.

IMPARFAIT.

Qu'il fa-llût.

PASSÉ.

Qu'il ait fa-llu.

PLUS-QUE-PARFAIT.

Qu'il eût fa-llu.

EXERCICE.

(Verbes à conjuguer). Pleuvoir, neiger, tonner, grêler, falloir.

## § VII. — De la formation des temps.

122. Comment se divisent les temps du verbe?

Les temps du verbe se divisent en temps primitifs et en temps dérivés.

123. Qu'est-ce qu'un temps primitif?

Un temps primitif est celui qui aide à en former d'autres.

124. Combien y a-t-il de temps primitifs?

Il y a cinq temps primitifs qui sont: le présent de l'infinitif, le participe présent, le participe passé, le présent de l'indicatif et le passé défini.

125. Qu'est-ce qu'un temps dérivé?

Un temps dérivé est celui qui dérive, c'est-à-dire qui est formé par un temps primitif.

126. Quels sont les temps formés par l'infinitif présent?

Les temps formés par l'infinitif présent sont : le futur et le conditionnel présent, en ajoutant *ai* ou *ais*, à la terminaison de l'infinitif; ainsi, *aimer*, j'aimer*ai*, ou j'aimer*ais*.

127. Quels sont les temps formés par le participe présent?

Le participe présent forme :

1° Les trois personnes pluriel de l'indicatif présent en changeant, *ant* en *ons*, *ez*, *ent*.

Aim*ant*, nous aim*ons*, vous aim*ez*, ils aim*ent*.

2° L'imparfait de l'indicatif en changeant *ant* en *ais*, aim*ant*, aim*ais*.

3° Le subjonctif présent en changeant *ant* en *e, es, e, ions, iez, ent* : aim*ant*, que j'aim*e*, que tu aim*es*, qu'il aim*e*, que nous aim*ions*, que vous aim*ez*, qu'ils aim*ent*, et pour les verbes de la 3e conjugaison en changeant *evant* en *oive* : rece-*vant*, que je reçoive.

128. Quels sont les temps formés par le participe passé?

Le participe passé forme tous les temps composés avec l'auxiliaire *être* ou *avoir* : j'ai aimé, je suis arrivé.

129. Quel temps forme le présent de l'indicatif?

Le présent de l'indicatif forme l'impératif en supprimant les pronoms *tu*, *nous*, *vous*. Ex. :

| Indicatif. | Impératif. |
|---|---|
| Tu finis, | Finis. |
| Vous recevez, | Recevez. |
| Nous aimons, | Aimons. |

130. Quel temps forme le passé défini?

Le passé défini forme l'imparfait du subjonctif en changeant *ai* en *asse* pour la 1re conjugaison, et en *se* pour les trois autres. Exemple : *J'aimai, que j'aimasse; je reçus, que je reçusse*, etc.

| PRÉSENT DE L'INFINITIF. | PARTICIPE PRÉSENT. | PARTICIPE PASSÉ. | PRÉSENT DE L'INDICATIF. | PASSÉ DÉFINI. |
|---|---|---|---|---|
| formant | formant | formant | formant | formant |
| 1° Le futur. 2° Le conditionnel présent. | 1° Les trois personnes pluriel du présent de l'indicatif ; 2° L'imparfait de l'indicatif ; 3° Le présent du subjonctif. | Tous les temps composés avec l'auxiliaire être ou avoir. | L'impératif. | L'imparfait du subjonctif. |

## EXERCICE.

L'élève fera un tableau des temps primitifs des verbes suivants :

Venir, courir, sauter, danser, boire, aimer, manger, lire, écrire, calculer, conter, compter, corriger, apprendre, défendre, vendre, surprendre, ennuyer, cueillir, dormir, sortir, recevoir, apercevoir, concevoir, valoir, pouvoir, vouloir, prévaloir.

### MODÈLE DE TABLEAU.

| INFINITIF | PARTICIPE PRÉSENT. | PARTICIPE PASSÉ. | INDICATIF PRÉSENT. | PASSÉ DÉFINI. |
|---|---|---|---|---|
| Venir. | Venant. | Venu-e. | Je viens. | Je vins. |
| Sortir. | Sortant. | Sorti-e. | Je sors. | Je sortis. |
| Sauter. | Sautant. | Sauté-e. | Je saute. | Je sautai. |

### § VIII. — Du sujet et du complément.

131. Qu'est-ce que le sujet du verbe ?

Le sujet est l'objet de l'affirmation. Exemple : *Je chante*, j'affirme que c'est moi qui chante.

132. Comment connaît-on le sujet d'un verbe ?

On connaît le sujet d'un verbe en faisant la question *qui est-ce qui*, pour les personnes, et *qu'est-ce que*, pour les choses. Exemple : *Je chante.* Qui est-ce qui chante; réponse, *je* ou *moi*.

*L'élève copiera l'exercice suivant en soulignant les sujets? Exemple : Camille est content.*

### EXERCICE.

Je chante, tu aimes, Paul étudie, il mangera une poire, Camille est sage, Dieu est bon, ma fille s'appelle Marthe, Jeanne est joyeuse, Eugénie chante, Maurice joue, elle danse, Juliette pleure, ils auront des noix.

133. Qu'appelle-t-on complément d'un verbe?

On appelle complément le mot qui complète l'idée commencée par le verbe.

134. Combien y a-t-il de sortes de compléments?

Il y a deux sortes de compléments : le complément direct et le complément indirect.

135. Qu'est-ce que le complément direct?

Le complément direct est celui qui complète immédiatement l'idée commencée par le verbe; il répond à la question *qui* ou *quoi*. Exemple : *J'aime les pommes*, j'aime quoi? *les pommes*. Le complément direct est *pommes*.

136. Qu'appelle-t-on complément indirect?

On appelle complément indirect le mot qui ne complète l'idée commencée par le verbe qu'avec l'aide d'une préposition. Il répond aux questions *à qui, à quoi, de qui, de quoi*. Exemple : *Je me plains de vous;* je me plains de qui ? Réponse *de vous, vous* est le complément indirect de *plains*.

*L'élève copiera l'exercice suivant en soulignant d'un trait les compléments directs, et de deux traits les compléments indirects. Exemple :* Paul jouera avec des images, Maurice aime sa maman.

### EXERCICE.

Adélaïde joue au volant, Paul aime son père, les enfants auront des joujoux, Juliette est ma filleule, je leur donnerai des bonbons, nous lui prendrons ses plumes, Camille aime son papa, Eugénie désire un gâteau, je donnerai des livres à Charles, il désire une table, donnez-moi un couteau, Irène répond à sa maman.

## CHAPITRE VIII.

### DU PARTICIPE.

137. Qu'est-ce que le participe ?

Le participe est un mot qui tient du verbe et de l'adjectif; du verbe, puisqu'il est verbe, et de l'adjectif en ce qu'il qualifie le mot auquel il se rapporte.

138. Combien y a-t-il de sortes de participes?

Il y a deux sortes de participes, le participe présent, qui est toujours terminé en *ant*, et le participe passé.

139. Comment reconnait-on un participe présent?

On reconnaît un participe présent quand on peut le changer en imparfait de l'indicatif. Ex. *Aimant, j'aimais*.

*L'élève copiera l'exercice suivant en soulignant tous les participes présents?*

### EXERCICE.

Je vois une mère caressant son jeune fils jouant près d'elle. Le berger rassemblant son troupeau, voyez ces brebis s'approchant de lui, sautant, gambadant autour de lui. Cet homme descendant de la montagne et demandant un abri, c'est un pèlerin. Voyez ces petits enfants priant avec ferveur, demandant à Dieu la santé pour leurs parents. Que j'aime à voir les enfants, jouant, sautant, courant, formant des rondes sur le gazon.

## § I<sup>er</sup>. — Du participe passé.

140. Comment peut-on encore appeler le participe passé?

On peut encore appeler le participe passé, participe adjectif, parce qu'il qualifie le mot auquel il se rapporte.

141. Comment s'accorde le participe passé accompagné de l'auxiliaire *être* ?

Le participe passé, accompagné de l'auxiliaire *être*, s'accorde en genre et en nombre avec son sujet. Exemple : Ma *robe* est *déchirée*, *déchirée* est au féminin singulier, parce que son sujet *robe* est au féminin singulier.

142. Comment s'accorde le participe passé accompagné de l'auxiliaire *avoir* ?

Le participe passé accompagné de l'auxiliaire *avoir* s'accorde avec son complément direct quand il est placé avant, et reste invariable quand il est placé après, ou qu'il n'en a pas.

143. Comment s'accorde le participe passé d'un verbe neutre et d'un verbe unipersonnel ?

Le participe passé d'un verbe neutre et d'un verbe unipersonnel est toujours invariable.

144. Comment s'accorde le participe passé d'un verbe pronominal ?

Le participe passé du verbe pronominal s'accorde avec son complément direct, lorsqu'il est placé avant, et reste invariable lorsqu'il est après en changeant l'auxiliaire *être* en auxiliaire *avoir*. Exemple : *ils se sont flattés,* c'est-à-dire, ils ont flatté eux.

*L'élève, dans l'exercice suivant, soulignera les participes passés.*

## EXERCICE.

Ces fleurs sont fanées. Des maisons incendiées. Des gazons fleuris. Une petite fille aimée de ses parents. Les enfants sages seront récompensés. Les méchants seront punis. La poire est tombée. J'ai lu votre lettre. Cette page est bien écrite. Les petites filles ont sauté à la corde. Les fusils sont chargés. Mes fleurs ont péri faute d'être soignées. Les moissons sont détruites par la grêle. Le laboureur a rentré sa récolte. Les fruits que j'ai cueillis sont mûrs. La pêche que vous avez mangée est bonne. Le livre que vous m'avez donné est fort joli.

# CHAPITRE IX.

## DE L'ADVERBE.

145. Qu'est-ce que l'adverbe?

L'adverbe est un mot invariable qui se joint à un verbe, à un adjectif ou à un adverbe pour les modifier.

146. Qu'appelle-t-on locutions adverbiales?

On appelle locution adverbiale un assemblage

de mots qui joue le rôle d'adverbe. Exemple : *à qui mieux mieux.*

147. Certains adjectifs ne sont-ils pas aussi employés adverbialement ?

Oui, certains adjectifs sont employés adverbialement lorsqu'ils modifient un verbe. Exemple : *Chanter juste, frapper fort,* etc.

Liste des adverbes :

| | |
|---|---|
| Ailleurs. | Fort. |
| Ainsi. | Gratis. |
| Alentour. | Guère. |
| Alors. | Ici. |
| Assez. | Incessamment. |
| Autrefois. | Incognito. |
| Beaucoup. | Incontinent |
| Bien. | Jadis. |
| Bientôt. | Jamais. |
| Certes. | Là. |
| Combien. | Loin. |
| Comme. | Lors. |
| Comment. | Maintenant. |
| Davantage. | Mal. |
| Dedans. | Même. |
| Dehors. | Moins. |
| Déjà. | Naguère. |
| Encore. | Ne. |
| Enfin. | Non. |
| Ensemble. | Où. |
| Ensuite. | Parfois. |

Partout.
Peu.
Plus.
Quand.
Quasi.
Que.
Quelquefois.
Sciemment.

Si.
Soudain.
Tant.
Tantôt.
Toujours.
Volontiers.
Vite.
Y.

Locutions adverbiales :

A jamais.
A la fin.
A l'envi.
Après midi.
A présent.
A peine.
Au contraire.
Au moins.
Au reste.
Avant-hier.
Ci-après.

Ci-dessus.
Ci-dessous.
De là.
Du reste.
Longtemps.
Ne pas.
Ne que.
Pêle-mêle.
Quelque part.
Tour à tour.
Tout à coup.

*L'élève copiera l'exercice suivant en soulignant les adverbes.*

### EXERCICE.

Le rossignol chante agréablement. Vous êtes bien studieux. Il parle vite. Nous sommes toujours d'accord. Chanter juste, parler vite, voir clair, sentir bon, frapper fort, vous travaillez à l'envi, alors je vous prie de m'écouter attentivement.

## CHAPITRE X.

### DE LA PRÉPOSITION.

148. Qu'est-ce que la préposition ?

La préposition est un mot invariable qui marque le rapport des mots entre eux.

149. Que forme la préposition avec son complément?

La préposition avec son complément forme un complément indirect.

150. Qu'est-ce qu'une locution prépositive?

Une locution prépositive est un assemblage de mots qui joue le rôle d'une préposition.

Liste de quelques prépositions.

*A, après, avant, avec, attendu* (telle chose), *chez, concernant* (son état), *contre, dans, de, de ça, de là, depuis, derrière, dès, devant, de vers, durant, en, entre, envers, excepté, hormis, hors, in* (in-12), *jusque, malgré, moyennant, nonobstant, outre, par, parmi, pendant, pour, près, proche de, sans, selon, sous, suivant, supposé, touchant, vu* (telle chose).

*L'élève soulignera les prépositions contenues dans l'exercice suivant.*

EXERCICE.

La gloire de Dieu, utile à son pays, près du château, attendu sa qualité, concernant son état, choisissez entre nous deux, il se promène hors de la ville, voici un in-folio, je l'ai amenée malgré elle, je l'ai vue parmi ses compagnes, c'est selon ce que vous en pensez, suivant l'usage, j'irai en Angleterre, j'ai emporté ma bibliothèque excepté un livre, j'irai envers et contre tous, le soleil est derrière les arbres, je serai chez moi depuis midi.

## CHAPITRE XI.

### DE LA CONJONCTION.

151. Qu'est-ce que la conjonction ?

La conjonction est un mot qui lie un mot à un autre mot, ou une phrase à une autre phrase.

152. Qu'est-ce qu'une locution conjonctive ?

Une locution conjonctive est un assemblage de mots qui joue le rôle de conjonction. Exemples : *Ainsi que, même que.*

Liste des conjonctions les plus usitées.

| | |
|---|---|
| *Car.* | *Quand.* |
| *Comme lui.* | *Que* (il dit que). |
| *Donc.* | *Quoique.* |
| *Et.* | *Savoir.* |
| *Lorsque.* | *Si* l'on veut. |
| *Mais.* | *Sinon.* |
| *Ni.* | *Soit* lui, *soit* un autre. |
| *Or.* | *Tantôt* l'un, *tantôt* |
| *Ou.* | l'autre. |
| *Puisque.* | *Toutefois.* |

*L'élève copiera l'exercice suivant en soulignant les conjonctions.*

### EXERCICE.

Les petits enfants doivent travailler s'ils veulent être récompensés, et ceux qui ne travaillent pas seront punis. Aimez-vous les uns les autres, dit Notre-Seigneur, donc il faut lui obéir. Lorsque vous viendrez voir mon jardin ou mon verger, vous goûterez mes fruits, mais ne prenez que ceux qui sont mûrs, car les autres vous feraient mal. Quand vous aurez fini cet ouvrage, donnez-le moi, puisque je vous le demande, sinon je n'aurai pas le temps de le voir. J'aime tantôt un fruit, tantôt un autre, soit celui-ci, soit celui-là; toutefois je préfère les pêches aux abricots.

# CHAPITRE XII.

### DE L'INTERJECTION.

**153. Qu'est-ce que l'interjection ?**

L'interjection est un mot invariable qui sert à exprimer les affections vives de l'âme.

Liste des interjections les plus usitées.

*Ah ! ahi ! aie ! bah ! bast ! chut ! dame ! dam ! fi ! eh ! ha ! haïe ! haro ! hé ! hein ! heim ! hélas ! hi ! ho ! holà ! hohé ! hum ! hourrah ! hà ! ô ! oh ! ouais ! ouf ! sus ! ta, ta, ta ! zest !*

N'y a-t-il pas aussi beaucoup de mots qui peuvent devenir interjection ?

Oui, beaucoup de mots peuvent devenir interjection.

| | |
|---|---|
| Ainsi des noms | *Dieu ! ciel ! paix !* |
| des verbes | *Allons ! gare ! marche !* |
| des adverbes | *Là ! où ! comment !* |
| des adjectifs | *Alerte ! bon ! tout doux !* |
| des pronoms | *Quoi ! qu'est-ce !* |
| des conjonctions | *Fi donc !* |

*L'élève copiera l'exercice suivant en soulignant les interjections. Exemple :* <u>Ah !</u> *quelle belle fête.*

## Exercice.

O ma bonne mère. Ah! quel malheur, j'ai perdu mon livre. Gare, gare, disait un cocher. Silence! mesdemoiselles. Chut! voici quelqu'un. Paix! Fido. Comment! cette chose est arrivée, je n'en reviens pas. Eh bien, parlez! Qu'y a-t-il? — Oh! le vilain, fi donc! Allons! marche. Aïe! je me suis fait mal. Hélas! quelle douleur. Bast! après tout, qu'est-ce que cela me fait.

FIN.

# TABLE DES MATIÈRES.

Avis de l'auteur. 5
Chapitre premier. 9
  § I. De la grammaire. 9
  § II. De l'E. 10
  § III. De l'Y. 11
  § IV. De la lettre H. 12
  § V. De la syllabe. 12
Crapitre II. 13
  § I. Des parties du discours. 13
  § II. De la division des parties du discours. 15
Chapitre III. *Du nom ou substantif.* 16
  § I. Du genre. 17
  § II. Du nombre. 18
Chapitre IV. *De l'article.* 19
Chapitre V. *De l'adjectif.* 21
  § I. De l'adjectif déterminatif. 22
  § II. De l'adjectif possessif. 23
  § III. De l'adjectif numéral. 24
  § IV. De l'adjectif indéfini. 25
Chapitre VI. *Du pronom.* 26
  § I. Des pronoms possessifs. 27
  § II. Des pronoms démonstratifs. 28
  § III. Des pronoms relatifs. 30
  § IV. Du pronom indéfini. 31

**Chapitre VII.** *Du verbe.* 32
  § I. Des verbes auxiliaires. 34
  § II. Des verbes adjectifs. 38
  § III. Du verbe neutre. 45
  § IV. Du verbe passif. 48
  § V. Du verbe pronominal. 50
  § VI. Du verbe unipersonnel. 52
  § VII. De la formation des temps. 53
  § VIII. Du sujet et du complément. 57
**Chapitre VIII.** *Du participe.* 59
  § I. Du participe passé. 60
**Chapitre IX.** *De l'adverbe.* 62
**Chapitre X.** *De la préposition.* 65
**Chapitre XI.** *De la conjonction.* 66
**Chapitre XII.** *De l'interjection.* 68

FIN DE LA TABLE.

www.ingramcontent.com/pod-product-compliance
Lightning Source LLC
LaVergne TN
LVHW051507090426
835512LV00010B/2396